AF596426

(Conserver la ...)

CANAL DE SUEZ

FAITS ET ARGUMENTS NOUVEAUX

CONTRE

L'ABAISSEMENT DES TARIFS

Pour faire suite à la brochure

RÉFLEXIONS SUR LES RÉDUCTIONS DE TARIFS

Par L. MAGOIS

ANCIEN NOTAIRE

PRÉSIDENT DU COMITÉ DE DÉFENSE DU CANAL DE SUEZ

PARIS

DENNÉ, LIBRAIRE-ÉDITEUR

14, RUE FAVART, 14

1888

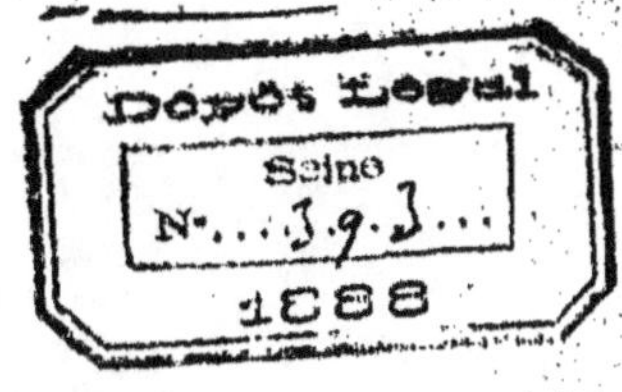

CANAL DE SUEZ

FAITS ET ARGUMENTS NOUVEAUX

CONTRE

L'ABAISSEMENT DES TARIFS

I

Dans la brochure *Réflexions sur les réductions de tarifs* que nous avons publiée récemment(1), nous avons démontré une fois de plus par des faits avérés, notamment en comparant les effets de la crise commerciale actuelle sur le transit du canal avec ceux que cette crise a produits en Angleterre, que les réductions de tarifs n'ont nullement augmenté les passages par le canal.

Comme démonstration prétendue du contraire, c'est-à-dire de l'influence utile des réductions, nous trouvons dans le *Bulletin décadaire* de la Compagnie du 12 novembre dernier les observations suivantes, extraites de la *Revue-Gazette maritime et commerciale,* journal officieux du Conseil d'administration, du 28 octobre précédent :

« On niait que le Canal de Suez pût jamais dépasser
» un trafic de 6 millions de tonnes; on est loin de ce
» chiffre, et l'avenir est à peine entamé.

(1) En vente à Paris, chez Donné, libraire-éditeur, rue Favart, 14.

» La vérité est qu'en dehors du grand trafic actuel » du Canal de Suez, il y a encore beaucoup de mar» chandises pour lesquelles le tarif actuel est encore » trop cher. Or, comme ce tarif diminue au fur et à » mesure de l'accroissement du dividende, il en résulte » que l'avenir du Canal est encore plus grand qu'on » ne l'avait pensé à l'origine. »

A cette argumentation déjà bien des fois répétée, nous répondons aujourd'hui ce que nous avons toujours répondu :

Vous prétendez qu'en dehors du trafic actuel du Canal, il y a encore *beaucoup de marchandises* pour lesquelles le tarif actuel *est encore trop cher.* — Quelles sont ces marchandises ? — Citez-les.

Alors même que vous pourriez les citer (ce que vous n'avez jamais fait), nous vous dirions : « Réduisez les tarifs *sur ces marchandises,* mais ne les réduisez pas *sur les autres,* qui passaient par le Canal avant le programme de Londres *en payant les anciens droits,* qui *supportaient très bien ces anciens droits,* et qui naturellement *les supporteraient très bien encore* aujourd'hui.

II

Quelques personnes pouvant être considérées comme compétentes ont émis l'avis, paraît-il, que le chiffre de 400,000 tonnes par an auquel nous avons, dans la brochure citée plus haut, évalué l'accroissement moyen du transit par le Canal en temps ordinaire, que ce chiffre de 400,000 tonnes, disons-nous, quoique d'un tiers moins élevé que celui adopté par l'ancien comité officieux et **réductionniste** l'*Union des actionnaires du Canal de Suez*, doit être encore supérieur à la réalité.

A cette supposition, nous répondons d'abord que si le chiffre de 400,000 tonnes était lui-même exagéré, il faudrait qualifier bien sévèrement l'attitude de l'administration du Canal qui, en laissant publier en 1884 par l'*Union des actionnaires*, agissant sous son patronage, un tableau des produits futurs de l'entreprise, basé sur un accroissement annuel de *600,000 tonnes*, aurait favorisé, pour arriver à ses fins, la propagation d'une bien grosse erreur.

Nous ajoutons que nous croyons toujours le chiffre de 400,000 tonnes à peu près exact, mais que, dût-il être réduit et ramené, par exemple, à 300,000 tonnes et même au-dessous, il n'en résulterait aucun changement dans les conclusions de notre précédent travail. Il y a à cela deux raisons : la première, c'est que la différence de résultats qu'entraînerait la nouvelle évaluation n'aurait, relativement, qu'une minime importance ; la seconde, c'est que nous aurions à y opposer deux modifications en sens contraire qui compenseraient largement, et peut-être au-delà, cette légère différence.

Ces modifications ont leur raison d'être dans les faits suivants :

1° Dans la comparaison que nous avons faite des effets de la crise sur le transit du Canal avec ceux qu'elle a produits sur le commerce extérieur (importations et exportations) de l'Angleterre, les chiffres qui ont servi de base à l'évaluation, pour l'appréciation des résultats anglais, des marchandises importées et exportées, étaient nécessairement amoindris; car en temps de crise, tout le monde le sait, le prix des marchandises (surtout quand il s'agit de grandes affaires, et que les marchés se traitent par quantités importantes) est toujours inférieur à ce qu'il est en temps normal. Il y a là, en dehors des effets mêmes de la crise, les éléments d'une diminution dans les résultats apparents qu'on peut évaluer sans exagération à 2 ou 3 0/0.

2° Depuis le commencement de l'application des réductions inscrites dans le programme de Londres, des éléments inattendus, résultant des relations nouvelles établies depuis la dernière guerre d'Orient entre l'Europe, l'Annam et le Tonkin, ont à eux seuls augmenté le transit du Canal d'au moins 200,000 tonnes par an (1).

Pour procéder avec toute l'exactitude possible, il faudrait, d'une part, ajouter 2 0/0 (au moins) au total des importations et exportations anglaises, à raison de l'infériorité des prix qui ont servi de base aux évaluations; et, d'autre part, retrancher du total transité par le Canal en 1886 les 200,000 tonnes procurées en plus par l'Annam et le Tonkin, pour causes permanentes n'existant pas avant les réductions.

En procédant ainsi, et en évaluant à 300,000 tonnes au lieu de 400,000 l'accroissement annuel ordi-

(1) Nous entendons parler ici d'une augmentation permanente et durable, indépendante des accroissements exceptionnels produits par la guerre elle-même en 1884 et 1885. En 1886, le total du mouvement de navigation produit dans les ports de l'Annam et du Tonkin par des navires de provenance européenne s'est élevé à 466,165 tonnes, alors qu'avant la guerre et le protectorat il n'atteignait certainement pas la moitié de ce chiffre. (Voir Bulletin décadaire du 22 novembre 1887.)

naire du transit par le Canal, les résultats seraient :

Déficit imputable à la crise en 1886 :

Sur le commerce extérieur anglais. **15.95 0/0**
Sur le transit par le Canal....... **16.35 0/0**

Le déficit serait donc, des deux côtés, un peu moindre qu'avec les premières évaluations ; mais il y aurait toujours, comme on le voit (à une légère différence près), identité dans les résultats, et preuve évidente, par suite, que l'abaissement des tarifs n'a exercé aucune influence appréciable sur le transit du Canal.

III

Les défenseurs des réductions s'efforcent, à l'heure qu'il est, d'insinuer que c'est surtout à l'égard des navires et des marchandises qui passent encore par le Cap, et qu'il s'agit d'attirer à la voie du Canal, que l'influence bienfaisante des réductions doit se faire sentir.

Nous allons examiner, avec pièces à l'appui, ce côté de la question.

Un rapport administratif sur les progrès de l'Inde anglaise, récemment publié par le gouvernement anglais sous ce titre : *Review of the trade of India in 1886-1887*, contient à cet égard des renseignements précis, authentiques, et d'une entière exactitude. Il nous suffira de le consulter pour être bien renseignés.

Voyons donc ce que les réductions ont déjà produit :

D'après le document dont il s'agit, sur l'ensemble des échanges effectués pendant les six dernières années entre l'Angleterre et l'Inde, et *vice versâ*, la proportion des navires et marchandises qui ont passé par le Canal (le surplus passant encore par le Cap) a été, savoir (1) :

En 1881-1882 (c'est-à-dire du 1er avril 1881 au 1er avril 1882), de 61.40 0/0

En 1882-1883, de 62.20 0/0

En 1883-1884, de 65.80 0/0

Du 1er avril 1882 au 1er avril 1884, époque antérieure de trois mois à celle (*1er juillet 1884*) où a commencé la mise en application du programme de Londres, le Canal a donc gagné sur le Cap **4.40 0/0**

Depuis, la proportion des passages par le Canal a été :

En 1884-1885 (2), de 65.60 0/0

En 1885-1886, de 66.20 0/0

En 1886-1887, de 66.15 0/0

En comparant la proportion existant au 1er avril 1884 .... 65.80 0/0

Avec celle relevée le 1er avril 1887.. 66.15 0/0

On constate que pendant cette période le Canal a gagné sur le Cap **0.35 0/0**

(1) Voir sur ce sujet l'*Économiste français* du 5 novembre 1887, page 583.

(2) Rappelons ici que le 1er janvier 1885 on a ajouté à la suppression du droit de pilotage une réduction de 50 centimes sur le droit de transit.

Il résulte de ce qui précède que du 1er avril 1882 au 1er avril 1884, en deux ans, *avant les réductions*, le Canal a gagné sur le Cap........ **4.40 0/0**

Et que du 1er avril 1884 au 1er avril 1887, en trois ans, *après les réductions*, il a gagné seulement............................ **0.35 0/0**

Où sont donc les grands progrès annoncés?

Comment! En deux ans, avant les réductions, le Canal avait gagné sur le Cap 4.40 0/0 (1); après les réductions, en trois ans, il n'a pas gagné 1/2 0/0 (2); depuis les réductions, d'autre part, son transit total (*protégé dans une notable mesure contre les conséquences de la crise par la situation privilégiée de l'entreprise*), a été relativement faible : (5,871,500 tonnes en 1884, 6,335,752 en 1885 (3), 5,767,655 en 1886, et 5,862,800 environ en 1887, contre 5,775,861 en 1883; alors que pendant les années précédentes,

(1) Nous ne parlons que des deux années précédant immédiatement les réductions, parce que le document anglais consulté par nous borne là ses renseignements pour le passé; mais tous ceux qui ont suivi les développements de l'entreprise savent bien qu'antérieurement, les progrès du Canal sur le Cap, même avec des tarifs supérieurs à 10 francs, ont toujours été très sensibles.

(2) Nous n'entendons pas, évidemment, induire de ce fait que les réductions ont diminué la somme de transit que le Canal devait gagner sur le Cap; cela ne serait pas sérieux; mais nous y voyons nettement la preuve, par exemple, qu'elles ne l'ont pas augmentée non plus. La vérité à cet égard, c'est qu'au point de vue qui nous occupe elles n'ont rien produit du tout, et que les choses se sont passées exactement comme s'il n'y avait pas eu de réductions.

(3) Ces deux années (1885 surtout) ont été exceptionnellement favorisées par les suppléments de transit dus aux guerres du Tonkin, de Madagascar et du Soudan.

de 2,263,332 tonnes en 1879, ledit transit s'était progressivement élevé à **3,057,421** en 1880, **4,136,779** en 1881, **5,074,808** en 1882, et **5,775,861** en 1883); les actionnaires, enfin, ont perdu par le fait de l'abaissement des droits perçus (en attendant qu'ils perdent davantage) 7,500,000 francs par an environ sur le contingent de navires et de marchandises qui, en fait, a passé par le Canal (1); et c'est dans de tels faits qu'il faudrait voir la preuve de l'heureuse influence du système inauguré en 1884!

Malgré la pauvreté des résultats, l'administration du Canal a persisté jusque dans ces derniers temps à vanter les prétendus bienfaits des réductions. Elle n'a pas craint d'affirmer (sans fournir d'ailleurs même un semblant de preuve), et de faire publier dans le *Bulletin* de la Compagnie et dans les journaux officieux, que si les bénéfices de l'entreprise, très diminués *par les réductions,* n'ont pas baissé davantage pendant la crise, *c'est aux réductions qu'on le doit!*

N'était-ce pas vraiment en prendre trop à l'aise avec les actionnaires, et leur montrer trop visiblement que la fantaisie joue un grand rôle dans les communications qu'on leur fait?

Mais il est dans les habitudes de nos contradicteurs de vouloir paraître avoir raison quand même.

Sans avouer les résultats piteux des réductions, ils laissent entendre aujourd'hui que ces résultats pourraient être meilleurs, et ils ajoutent que pour

(1) Perte de 1 fr. 25 par tonne sur près de 6 millions de tonnes.

obtenir des résultats meilleurs, il faudrait *des réductions plus fortes*.

La *Revue-Gazette maritime*, l'organe officieux par excellence du Conseil d'administration, celui qui reflète le mieux la pensée intime des maîtres, disait dans son numéro du 14 octobre dernier :

« Nous avons constaté dans notre numéro 154 du » 4 mars 1887 la quantité de blés indiens qui viennent » encore en Europe par la voie du cap de Bonne- » Espérance. Nous avons rappelé, à cette occasion, » l'opinion raisonnée que nous avions émise il y a » longtemps déjà, à savoir que tous les blés de l'Inde » ne viendront en Europe par le canal de Suez que » lorsque le tarif du passage s'approchera des envi- » rons de 6 francs par tonne (1).

» Nous trouvons dans le dernier numéro paru du » *Bulletin du Canal de Suez*, des chiffres et une appré- » ciation qui confirment notre ancienne opinion.

» Le rapport officiel dressé par le gouvernement » indien, dit le rédacteur du *Bulletin*, fait connaître que » les exportations de blé ont atteint 1,113,167 tonnes » pendant l'année 1886-1887, exercice finissant au » 31 mars.

» Sur ces 1,113,167 tonnes, la moitié environ a pris » la voie du Canal de Suez; les diminutions de tarifs

(1) Un examen attentif nous a démontré que cette appréciation sur les prétendus avantages du tarif à 6 francs par tonne ne se trouve ni dans le numéro de la *Revue-Gazette* du 4 mars 1887, ni dans ceux publiés à une époque voisine de cette date.

Dans la *Revue* du 4 mars 1887 au contraire (*article sur le canal de Suez, page 1907*), après avoir fait remarquer que sur le blé de l'Inde le Canal a devant lui une marge de 623,000 tonnes à acquérir, on a ajouté : « La taxation de **9 fr. 50** par tonne pro- » duirait une recette de 5,918,500 francs. »

» appliquées au fur et à mesure du développement du
» trafic par le Canal, approchent de plus en plus le
» moment où la presque totalité du trafic prendra la
» voie du canal maritime. »

Donc, la thèse favorite aujourd'hui consiste en ceci : « Pour que les actionnaires profitent sérieusement des réductions, il faut que le droit de transit (seul droit à percevoir désormais) *soit réduit à 6 francs.* »

Suivons nos adversaires sur ce terrain.

Bien que nous ayons toutes les raisons du monde pour penser que l'abaissement des tarifs ne modifiera jamais sensiblement, quant à la voie à suivre, les courants des échanges commerciaux entre les diverses contrées de l'Europe et celles de l'extrême-Orient, et que nous soyons tout à fait convaincu que le gain encore possible du Canal sur le Cap (1) se réalisera tout aussi bien avec le maintien du droit de transit de 10 francs et du droit de pilotage qu'avec des droits réduits ; malgré cela, disons-nous, nous allons pour un instant raisonner comme si la prétention de nos adversaires était fondée, et admettre momentanément avec eux que la réduction du droit de transit à 6 francs par tonne ferait immédiatement passer par le Canal la ma-

(1) C'est une utopie de croire que tout ce qui passe encore par le Cap passera un jour par le Canal. Le Cap conservera forcément une petite partie du trafic entre l'Europe et l'extrême-Orient, tant à cause du cabotage qui se fait le long des côtes méridionales de l'Afrique que pour d'autres motifs variables selon les circonstances, et que pour cette raison on ne peut guère préciser. La vérité à cet égard, c'est qu'il y a encore pour le Canal beaucoup à gagner sur le Cap ; mais ce ne sera jamais la totalité.

jeure partie du trafic qui passe encore par le Cap.

Voyons un peu ce que, même dans ce cas, gagneraient les actionnaires du Canal :

Le total du transit annuel par le Canal est actuellement, en chiffres ronds, de six millions de tonnes.

D'après les données du document officiel cité plus haut, la proportion entre le trafic par le Canal et celui par le Cap était au 1er avril 1887 :

Pour le Canal, de............... 66.15 0/0
Et pour le Cap, de................. 33.85 0/0

Traduisons en fractions ordinaires pour la facilité des calculs et disons : 2/3 pour le Canal et 1/3 pour le Cap.

Le tiers pour le Cap représente par année 3 millions de tonnes qui, avec les 6 millions transitées par le Canal, font un trafic total, par les deux voies, de 9 millions de tonnes.

Cela étant, supposons le vœu de nos adversaires réalisé, c'est-à-dire le droit de transit réduit à 6 francs.

Supposons en outre (bien que ce soit inadmissible), que par l'effet de cette forte réduction, le trafic transitant par le Canal atteigne immédiatement la presque totalité (mettons les 7/8) du trafic total.

Nous aurons le résultat suivant :

7,875,000 tonnes (7/8 de 9,000,000) passant par le Canal, à 6 francs par tonne, donnent pour le transit un total annuel de recettes de **47,250,000** francs.

Supposons maintenant, au contraire, que les droits spécifiés par la convention internationale de 1876 ont été conservés, et admettons provisoirement (quoique ce soit inadmissible toujours) que, comme conséquence, le Canal, au lieu de tout accaparer, ne gagne rien sur le Cap.

Nous aurons alors :

6,000,000 de tonnes passant par le Canal, à 10 francs par tonne............	60,000,000 fr. »
Droit de pilotage sur ces 6,000,000 de tonnes, à 75 centimes par tonne...............	4,500,000 »
Ensemble........	**64,500,000** »

Nous aurons donc comme total annuel des recettes du transit :

Avec la réduction du droit de transit à 6 francs par tonne........................	47,250,000 fr. »
Sans réduction...............	64,500,000 »
Différence en moins ou perte annuelle en revenu avec la réduction du droit à 6 francs........	**17,250,000** »

Donc, on le voit, même en admettant comme exactes les hypothèses absolument erronées de nos adversaires, même en leur donnant raison sur tous les points où ils ont tort, même en supposant que leur système donne tous les résultats qu'ils annoncent et que, de toute évidence, il ne peut pas donner, ce système, exactement appliqué, ferait encore perdre beaucoup d'argent à l'entreprise et aux actionnaires.

Qu'on juge après cela de ce que serait en réalité, c'est-à-dire sans les compensations *irréalisables* que nous n'avons admises que provisoirement, **l'énormité des pertes** dans l'avenir!

Devant des raisons aussi fortes et aussi concluantes, dont l'exactitude est tellement évidente qu'on ne peut même pas songer à la contester, se pourrait-il trouver encore un seul actionnaire intelligent et de bonne foi, voulant sincèrement la prospérité de l'entreprise, pour approuver et défendre les réductions?

Cela ne nous semble pas possible.

Dira-t-on que lorsque le droit de transit sera descendu à 6 fr., il passera plus de marchandises qu'aujourd'hui par le Canal, et que les résultats au point de vue qui nous occupe en pourront être modifiés?

Un instant de réflexion suffira, à ceux à qui cette pensée pourrait venir, pour les amener à reconnaître que la seule modification à laquelle on doive s'attendre, c'est que la perte elle-même serait alors plus considérable.

Qu'on suppose, par exemple, le total annuel du trafic par les deux voies, Canal et Cap, élevé à 12 millions de tonnes au lieu de 9 millions, avec la proportion plus haut indiquée : 2/3 pour le Canal et 1/3 pour le Cap; qu'on continue à accorder provisoirement aux réductions l'influence favorable qu'elles n'ont pas; qu'on maintienne les autres conditions ci-dessus posées; et qu'on fasse les calculs nécessaires. On trouvera comme résultat que, dans ce cas, la perte par année serait de **23,000,000** de francs au lieu de **17,250,000** fr.

Si on procédait en prenant pour base la réalité des choses, c'est-à-dire en écartant comme erronée la prétendue influence des réductions sur le transit du Canal, la perte annuelle serait : — au début : 8,000,000 de tonnes (2/3 du trafic total) $\times$ 4 fr. 75 (différence entre 6 fr. et 10 fr. 75) = **38,000,000** de francs; — et plus tard, quand le Canal, par la seule force des choses, aura pris au Cap tout ce qu'il peut encore lui prendre (1) : 10,500,000 tonnes (7/8 du trafic total) $\times$ 4 fr. 75 = **49,875,000** francs (soit **88 fr. 53** par action) (2).

IV

Mentionnons ici le fait suivant qui, au cours des études auxquelles nous nous livrons, ne manque pas d'à-propos :

On lit dans la *Revue-Gazette Maritime* du 11 novembre dernier :

« Le gouvernement anglais vient de publier un » rapport très détaillé sur les progrès de l'Inde britannique pendant l'exercice 1885-1886. Nous trou» vons dans ce document le passage suivant relatif à la » proportion du commerce de l'Inde avec l'Europe par » le Canal de Suez :

« La proportion du commerce ayant pris la route du » Canal de Suez est croissante. Cette tendance est due en » partie à l'augmentation plus considérable des échanges » avec les provinces occidentales qu'avec les provinces » orientales de l'Inde; elle tient également à la préférence » de plus en plus marquée pour la route du Canal sur les

(1) Voir plus haut, sur ce sujet, le renvoi de la page 10.

(2) La perte annuelle pour les autres valeurs de l'entreprise participant au dividende serait : délégation : **132 fr. 76**; part de fondateur : **49 fr. 85**; part civile (perte égale à celle de l'action) : **88 fr. 53**.

» autres routes vers l'Occident. Il est à remarquer que les
» importations et les exportations ne subissent pas une
» attraction égale pour la route du Canal. Ainsi, 77.32 0/0
» des importations à destination des Indes prennent cette
» voie, tandis que 56.81 0/0 seulement des exportations
» l'utilisent. »

On remarquera que parmi les causes citées de la tendance des navires à suivre de plus en plus la voie du Canal, le document anglais, qui est un document *officiel*, **ne dit pas un mot des réductions de tarifs!** Il faut nécessairement reconnaître que, s'il n'en parle pas, c'est que le gouvernement anglais lui-même **ne leur attribue,** à ce point de vue, **aucune influence.**

V

Mis par nos amis et nous en demeure de se prononcer, les administrateurs du Canal, auteurs responsables des réductions, ont reconnu et déclaré à l'assemblée générale des actionnaires du 5 juin 1887, par l'organe de M. Charles de Lesseps, vice-président, l'un d'eux, que rien de définitif n'a été fait jusqu'ici, que l'expérience des réductions faite en ce moment n'est qu'un essai, et que comme conséquence on peut toujours, quand on le voudra, abandonner le système des réductions et revenir aux tarifs déterminés par la convention internationale de 1876. M. Charles de Lesseps a ajouté que si on ne prenait pas ce parti immédiatement, c'est parce qu'aux yeux des administrateurs, il n'était pas démontré alors que les réductions ne fussent pas, comme on l'avait pensé au début, favorables aux intérêts de l'entreprise. Les nombreux journaux officieux du Conseil d'administration ont tous ensuite parlé dans le même sens.

Mais on ne peut persister toujours à nier l'évidence. Les administrateurs paraîtraient manquer de clairvoyance et friseraient le ridicule s'ils continuaient, en l'état actuel des choses, à déclarer qu'ils ne voient pas *ce que tout le monde voit*. Il est péremptoirement et *définitivement* établi à l'heure qu'il est (les faits cités et les explications fournies au cours du présent travail en témoignent à eux seuls suffisamment) que l'abaissement des tarifs, loin d'être favorable aux intérêts de l'entreprise, leur est au contraire extrêmement préjudiciable. Le doute même n'est plus possible. La vérité éclate à tous les yeux; il faudrait être aveugle pour ne pas la voir!

Qu'attend-on encore pour faire les changements qu'exige la situation?

Voilà trois ans passés que les actionnaires sont injustement lésés et ne touchent qu'une partie du revenu auquel ils ont droit!

Avec la continuation des réductions, la portion de revenu dont ils sont déjà frustrés s'accroîtrait d'année en année, et atteindrait à un moment donné des proportions énormes!

N'est-il pas temps d'en finir et de faire justice d'un système dont l'application produit de tels résultats?

Janvier 1888.

PALLET, gérant de l'impr. DUBUISSON et Cᵉ, 5, r. Coq-Héron, Paris. — 410

Nota. — On trouve à la librairie Denné, Paris, rue Favart, 14, la brochure du même auteur ayant pour titre :

CANAL DE SUEZ

Réflexions sur les réductions de Tarifs

Pallet, gérant de l'impr. Dubuisson et Ce, 5, r. Coq-Héron, Paris. — 410

www.ingramcontent.com/pod-product-compliance
Lightning Source LLC
LaVergne TN
LVHW052034160826
845678LV00003B/1346

* 9 7 8 2 3 2 9 6 3 3 8 2 4 *